BEI GRIN MACHT SICH IHR WISSEN BEZAHLT

Bewusst oder unbewusst? Was hinter menschlichen Beweggründen steckt

David Reuter

Bibliografische Information der Deutschen Nationalbibliothek:

Die Deutsche Nationalbibliothek verzeichnet diese Publikation in der Deutschen Nationalbibliografie; detaillierte bibliografische Daten sind im Internet über http://dnb.d-nb.de abrufbar.

ISBN: 9783389120569
Dieses Buch ist auch als E-Book erhältlich.

Druck und Bindung: Books on Demand GmbH, Norderstedt Germany
Gedruckt auf säurefreiem Papier aus verantwortungsvollen Quellen

Das vorliegende Werk wurde sorgfältig erarbeitet. Dennoch übernehmen Autoren und Verlag für die Richtigkeit von Angaben, Hinweisen, Links und Ratschlägen sowie eventuelle Druckfehler keine Haftung.

Das Buch bei GRIN: https://www.grin.com/document/1561465

Eberhard Karls Universität Tübingen

Philosophische Fakultät

Sommersemester 2023

Seminar: Theorie der Gründe: Aktuelle Probleme und Kontroversen

Bewusst oder unbewusst? Was hinter menschlichen Beweggründen steckt

eingereicht am

01.07.2023

4. Mastersemester

(Philosophie, Geschichte, Erziehungswissenschaften)

Inhaltsverzeichnis

I. Einleitung

Der Auftakt des neuen Jahres markiert für viele Menschen die fest etablierte Tradition, sich neue Ziele zu setzen, die sie im Verlauf der kommenden Monate umsetzen möchten. Von einer ausgewogenen Ernährung über gesteigerte Achtsamkeit im Alltag bis hin zum festen Vorsatz, vermehrt Sport zu treiben, decken diese formulierten Ziele ein breites Spektrum ab. Insbesondere der Entschluss, vermehrt Sport zu betreiben, findet sich dabei häufig an erster Stelle.

Bei der Frage nach den Beweggründen dieser Neujahrsvorsätze werden vor allem gesundheitsförderliche Aspekte genannt. So wird hervorgehoben das Laufen, nicht nur den Körper in Bewegung hält, sondern auch das Herz trainiert und dem Individuum ein umfassendes Gefühl von Ausgeglichenheit und Selbstbewusstsein verleiht.

Bei genauerer Betrachtung des Verhaltens der Läufer*innen lässt sich jedoch eine tiefere Schicht der Beweggründe entdecken. Wozu sonst werden oftmals Startnummer, Streckenverlauf und das anschließende Siegesfoto von den eigenen Laufevents stolz in den sozialen Medien gepostet? Möglicherweise deutet die demonstrative Teilung der Erfolge auf einen subtilen Wunsch nach Anerkennung und Bewunderung durch das soziale Umfeld hin – ein Beweggrund, der den meisten Menschen nicht immer bewusst ist.

I.1. Problemexposition

Die Frage nach den Beweggründen für Handlungen ist nicht nur von zentraler Bedeutung für die Sportpsychologie, sondern auch für die Philosophie. Sie wirft ein Licht auf die vielschichtigen Ursachen und Gründe, die unsere Interaktionen und Entscheidungen leiten.[1]

Die Diskussion über die Beweggründe von Handlungen ist dabei keineswegs neu, jedoch bleibt sie nach wie vor von großer Relevanz. Denn in einer Welt, die von komplexen sozialen Interaktionen geprägt ist, ist das Verständnis der Beweggründe hinter den eigenen Handlungen von entscheidender Bedeutung.[2]

So hat auch die Philosophin Alison HILLS in ihrem Aufsatz: „*What does it take to act for moral reasons?*"[3] die enge Verbindung zwischen Bewusstsein und den eigenen Beweggründen

---

[1] LIJENSTRÖM, H. (2022). Consciousness, decision making, and volition. In: Theory in Biosciences, 141, S. 125-140, hier: 125ff.
[2] Vgl. Savioni, L.; Triberti, S.; Durosini, I. & Pravettoni, G.: How to make big decisions. In: Current Psychology 42 (2023), S. 15223-15236, hier: S. 15223ff.
[3] HILLS, A. (2018). What does it take to act for moral reasons? Chapter 12. In: Jones, K./Schroeter, F. (Hrsg.): The many moral rationalisms, S. 247-263.

der Handlung betont. Dabei setzt sie jedoch voraus, dass das Bewusstsein an die Bedingung geknüpft ist, dass die Person in der Lage ist, das, wovon sie ein Bewusstsein hat, auch verbal artikulieren zu können.

Die vorliegende Arbeit vertritt die These, dass Hills Verständnis von einem reflexiven Bewusstsein zu eng gefasst und zu anspruchsvoll ist. Beweggründe sind eine komplexe Mischung aus bewussten und unbewussten Prozessen und nicht immer ist Bewusstsein eine Voraussetzung dafür. So ist zwar anzunehmen, dass der Mensch ein Bewusstsein über die Ursachen seiner eigenen Handlungen besitzt, doch in der Praxis zeigt sich, dass die Beweggründe der Handlungen nicht immer bewusst wahrgenommen werden. Unbewusste Prozesse, emotionale Einflüsse und externe Faktoren können ebenfalls eine erhebliche Rolle spielen.

Vor dem Hintergrund dieser Überlegungen untersucht die vorliegende Arbeit die Fragestellung, inwieweit Bewusstsein eine notwendige kognitive Voraussetzung für ein Handeln aus Gründen ist.

I.2. Überblick zum Vorgehen

Um diese Frage zu beantworten, wird im Folgenden zunächst der Unterschied zwischen erklärenden Gründen und Beweggründen erläutert (II).

Danach wird die Auffassung von Alison HILLS[4], dass Bewusstsein eine entscheidende Voraussetzung für Handlungen aus Gründen darstellt, näher aufgearbeitet. Ihr Verständnis von einem reflexiven Bewusstsein (III) bildet dabei die Grundlage für die Untersuchung.

Um zu analysieren, ob und inwiefern ihr Verständnis von Bewusstsein möglicherweise zu eng gefasst und zu anspruchsvoll ist, wird HILLS Argumentation diskutiert und kritische Einwände vorgebracht (IV). Genauer betrachtet werden hierbei die Ansichten der Psychoanalyse (IV.1), das Verständnis von Bewusstsein bei Dietrich von HILDEBRAND (IV.2) und die Theorie „Guise of. Normative Reasons" von Keshav SINGH, der betont, dass Beweggründe Vorschläge sind, die individuell wahrgenommene Gründe für Handlungen darstellen (IV.3).

Die gewonnenen Erkenntnisse werden im Fazit (V) zusammengefasst, um so eine Antwort auf die Leitfrage zu geben, ob Bewusstsein eine notwendige Voraussetzung für ein Handeln aus Gründen ist.

---

[4] Vgl. HILLS, A. (2018). What does it take to act for moral reasons? Chapter 12. In: Jones, K. & Schroe-ter, F. (Hrsg.): The many moral rationalisms. (S. 247-263). Oxford: Oxford University Press.

II. Begriffsklärung

Mit MÜLLER lassen sich die Begriffe Beweggründe und erklärende Gründe folgendermaßen unterscheiden:

> „Wenn wir wissen wollen, warum eine Person etwas Bestimmtes tut, glaubt, sich wünscht oder fühlt, so fragen wir in der Regel nach ihren Gründen. Wir interessieren uns dafür, aus welchem Grund jemand eine bestimmte politische Partei unterstützt, davon überzeugt ist, dass der 1. FC Köln wieder aufsteigen wird oder sich vor der bevorstehenden Begegnung mit dem Vorgesetzten fürchtet. Oft geht es uns dabei um die Frage, ob die betreffende Handlung oder Einstellung gerechtfertigt ist: wir möchten wissen, ob die Gründe, aus denen jemand etwas tut (glaubt, sich wünscht, fühlt) auch gute Gründe für ihre Handlung oder Einstellung sind. (…) Wir wollen verstehen, was sie motiviert oder ihr Anlass dazu gibt, etwas Bestimmtes zu tun."[5]

MÜLLERS betont, dass es eine menschliche Neugierde dahingehend gibt, andere Menschen zu verstehen, ihre Entscheidungen und Sichtweisen nachzuvollziehen und demnach eine Sinnhaftigkeit zu erkennen. Es ließen sich aber Unterschiede zwischen einem erklärenden Grund und einem Beweggrund treffen.[6]

Hierzu beschreibt Müller ein Fallbeispiel. Es geht um eine Person namens Paula, die aufgrund einer unliebsamen Bemerkung eines Kollegen das gemeinsame Essen beendet und geht. Müller nennt dies einen motivierenden Grund, was bedeutet, dass die Bemerkung des Kollegen Paula veranlasst hat, abrupt eine Verhaltensänderung herbeizuführen, und zwar a) das Beenden des Essens und b) des Gehens. Paulas individuelle Reaktion ist demnach, durch Beendigung des Essens auf die schnippische Bemerkung oder auch Beleidigung zu reagieren. Sie hat eine von vielen möglichen Reaktionen gewählt, da sie der Bemerkung beispielsweise auch verbal etwas entgegensetzen hätte können.[7] MÜLLER hebt zusätzlich hervor:

> „So ist es einer verbreiteten Auffassung zufolge für eine jede Handlung als solche wesentlich, dass sie motivierende Gründe hat: Handlungen unterscheiden sich genau dadurch von anderen Verhaltensformen wie Reflexen und einfachen Ausdrucksreaktionen (z.B. Lächeln, Stirnrunzeln), dass sie aus bestimmten Gründen vollzogen werden."[8]

---

[5] MÜLLER, J.M. (2020). Motivierende Gründe: Aktuelle Probleme und Kontroversen. In: Information Philosophie. University of Tuebingen. S. 1.
[6] Vgl. Ebd.
[7] Vgl. Ebd.
[8] Ebd.

Er betont somit, dass Handlungen nicht mit Reflexen und Ausdrucksreaktionen gleichzusetzen sind, weil sich dahinter bestimmte Gründe entdecken lassen. Handlungen wären demnach nicht impulsiv, automatisch und willkürlich, sondern hätten immer zugrundeliegende Gründe.

MÜLLER hebt hervor, dass früher die essenziellste Frage für Handlungen war, ob sie moralisch wertvoll sind oder nicht, da auf dieser Basis Handlungen bewertet wurden, gleichzeitig werde gesagt, dass sich immer Gründe finden lassen, ob nun moralischer Natur oder anderer.[9]

Der Gedanke, dass Handlungen zugrundeliegende Gründe haben, sagt noch nicht aus, ob diese nun Bewusstsein als Voraussetzung brauchen oder nicht. Erklärende Gründe versuchen die Situation verständlich zu machen – und demnach zu erklären. Das allein ist aber per Definition nur eine Erklärung und sagt noch nichts über den tatsächlichen Beweggrund aus.[10] Verhaltensweisen beinhalten mehr in sich, als eine offensichtliche Erklärung offenlegen kann. Wichtig ist, dass Beweggründe etwas individuell-persönliches sind und sie nicht der realen Situation zu entsprechen haben. Sie basieren eher darauf, wie jemand eine Situation einschätzt. Der Beweggrund ist somit die zugrundeliegende Intention.[11] Also kann abschließend gesagt werden, dass ein erklärender Grund eine logische Herleitung ist. Ein Beispiel wäre: Jemand steht auf, weil er beleidigt wurde. Dies ist ein offensichtlicher Grund (erklärender Grund). Der Beweggrund aber sitzt tiefer, weil aus vielen Alternativen eine individuell gewählt wurde.

III. Bewusstsein als Voraussetzung für das Handeln aus Gründen (Hills 2018)

Gemäß der verbreiteten Auffassung, dass Bewusstsein die Voraussetzung dafür ist, dass aus einem bestimmten Grund gehandelt werden kann, müsste es eine enge Verbindung zwischen Beweggründen und dem Bewusstsein geben.

Alison HILLS vertieft die These, dass Beweggründe hinter menschlichen Handlungen ein Bewusstsein voraussetzen, wobei ein spezielles Augenmerk auf der Existenz eines reflektiven Bewusstseins liegt. Die Analyse dieser These wirft ein präzises Licht auf die komplexen Zusammenhänge zwischen Bewusstsein, Beweggründen und dem letztendlichen Handeln. HILLS betont, dass ein bewusster Zugang zu den Beweggründen einer Handlung von entscheidender Bedeutung ist und geht der Frage nach, inwiefern ein reflexives Bewusstsein notwendig ist, um unsere Handlungen zu begründen und zu verstehen. Im zweiten Abschnitt ihrer Arbeit vertieft HILLS ihre Untersuchung durch die Anwendung von verschiedenen Fallbeispielen, um die theoretischen Grundlagen eindrücklich zu veranschaulichen. In diesem Kontext wird

---

[9] Vgl. MÜLLER, 2020, S. 1.
[10] Vgl. Ebd. 2f.
[11] Vgl. Ebd. S. 6.

offensichtlich, dass Menschen häufig ohne bewusste Reflexion ihrer Beweggründe handeln, jedoch dennoch auf eine spezifische Weise agieren.

Ein überzeugendes Beispiel ist Huckleberry Finns Dilemma in Bezug auf die Sklaverei: Obwohl Huck die bewusste Überzeugung hat, dass es falsch ist, einem Sklaven zur Freiheit zu verhelfen, handelt er dennoch im Widerspruch zu diesem Glauben und entscheidet sich, Jim, den Sklaven, zu unterstützen. HILLS hebt hervor, dass solche Handlungen, die scheinbar im Konflikt zu bewussten Überzeugungen stehen, auf tiefer liegenden, möglicherweise unbewussten, Überlegungen basieren.[12]

Die Frage nach der genauen Bedeutung von Hucks Handeln im Fall von Finn stellt sich insbesondere in Anbetracht seiner eingeschränkten Fähigkeit, seine moralischen Überzeugungen verbal zu artikulieren. Trotz dieser Beschränkung wird offenkundig, dass seine Handlung, Jim zu schützen, auf einem impliziten moralischen Bewusstsein basiert. Hierbei tritt das Konzept des impliziten Wissens in den Vordergrund, bei dem eine Person durch Erfahrungen und soziale Einflüsse ein gewisses Verständnis von Moral entwickelt hat, welches möglicherweise nicht immer explizit in Worten ausgedrückt wird.

Huck mag nicht in der Lage sein, seine moralischen Überzeugungen in klaren Begriffen auszudrücken, aber die Tatsache, dass er wider seinen erklärten Überzeugungen handelt, deutet darauf hin, dass es eine Art inneren Konflikt oder zumindest ein Unbehagen mit seinen eigenen Ansichten gibt. Diese Diskrepanz zwischen seinem Handeln und seinen bewussten Überzeugungen könnte als Hinweis darauf dienen, dass er sein Bewusstsein auf einer tieferen Ebene moralisch reflektiert. Es zeigt, dass Bewusstsein nicht immer in expliziten verbalen Äußerungen artikuliert werden muss, sondern auch in Handlungen manifest werden kann, die im Einklang mit moralischen Prinzipien stehen. In diesem Sinne unterstützt das Beispiel von Huckleberry Finn HILLS' Argument, dass ein gewisses Maß an Bewusstsein vorhanden ist, auch wenn es nicht immer in expliziten verbalen Formulierungen zum Ausdruck kommt. Es eröffnet die Möglichkeit, dass unser moralisches Bewusstsein tief in unserer Psyche verwurzelt ist und sich auf subtile Weise in unserem Verhalten zeigt, selbst wenn wir es nicht immer bewusst erkennen oder ausdrücken können.

Ein weiteres anschauliches Beispiel von HILLS ist das des Bergsteigers, der sich, im vollen Bewusstsein der Gefahren des Festhaltens an einem Seil, entschließt, sich von seinem Kletterpartner zu lösen. Dieses Beispiel veranschaulicht, dass Handlungen, die auf explizitem Wissen basieren, nicht zwangsläufig von bewussten Beweggründen getragen werden. Der Bergsteiger,

---

[12] Vgl. HILLS, 2018, S. 4ff.

der sich entscheidet, das Seil loszulassen, handelt aufgrund seines bewussten Wissens um die Gefahren, aber es fehlt die explizite bewusste Reflexion über moralische Beweggründe.

HILLS hebt hervor, dass die komplexe Natur der menschlichen Psyche es ermöglicht, auf unterschiedliche Weisen auf Beweggründe zu reagieren – sei es durch bewusste Überlegungen oder dispositionale Neigungen, die nicht immer bewusst artikuliert werden können.[13] Der Beweis für die Notwendigkeit von Bewusstsein als Voraussetzung für moralische Beweggründe liegt in der Fähigkeit zur bewussten Reflexion über moralische Prinzipien und Werte. Auch wenn der Bergsteiger durch bewusstes Wissen handelt, gibt es einen Unterschied zwischen rein instrumentellem Handeln aufgrund von Wissen um Gefahren und Handeln aufgrund einer bewussten Anerkennung moralischer Überlegungen. Die Betonung von Bewusstsein als Voraussetzung zielt darauf ab, die moralische Dimension der Beweggründe zu unterstreichen, die eine aktive, bewusste Reflexion über moralische Werte und Prinzipien beinhalten und nicht nur eine automatische Reaktion auf äußere Gefahren sind.

Im dritten Abschnitt vertieft HILLS die Diskussion über die Verbindung zwischen bewussten Überlegungen und impliziten Überzeugungen, die unser Handeln beeinflussen. Sie präsentiert Beispiele von Individuen, die möglicherweise nicht explizit über die moralischen Aspekte ihrer Handlungen nachdenken, aber dennoch in Übereinstimmung mit moralischen Prinzipien handeln. Ein Beispiel könnte ihr zufolge eine Person sein, die aus einem dispositionalen Drang, Bedürftigen zu helfen, heraus handelt, ohne sich bewusst darüber zu sein, dass sie dies aufgrund moralischer Gründe tut. Diese Betrachtung hebt hervor, dass bewusste Überlegungen nicht immer maßgeblich für die moralische Qualität einer Handlung sind und dass unser Handeln oft von tief verwurzelten impliziten Überzeugungen geleitet wird.[14]

Zusammengefasst lässt sich sagen, dass in HILLS' Auffassung die Bedeutung eines reflexiven Bewusstseins als Voraussetzung für Handeln aus Gründen betont wird. Die Fähigkeit zur bewussten Reflexion über moralische Beweggründe ist entscheidend, da sie eine aktive Anerkennung und Abwägung moralischer Werte und Prinzipien erfordert. Ein reflexives Bewusstsein ermöglicht eine bewusste Ausrichtung auf moralische Überlegungen, die über bloßes instrumentelles Handeln hinausgeht.

Dies unterstreicht die vielschichtige Komplexität der menschlichen Psyche, die auf unterschiedliche Art und Weise auf Beweggründe reagieren kann – sei es durch bewusste Überlegungen oder tief verwurzelte dispositionale Neigungen, die nicht zwangsläufig explizit artikuliert werden können.

---

[13] Vgl. Hills, 2018, S. 5.
[14] Vgl. Ebd. S. 6f.

Auch wenn die Beweggründe nicht immer in verbaler Form ausgedrückt werden können, manifestiert sich dennoch eine gewisse Neigung oder ein Gefühl, was wiederum ein Bewusstsein voraussetzt. Andernfalls würde die Handlung eher einer impulsiven Reaktion oder einem Reflex gleichen, insbesondere wenn kein Bewusstsein involviert ist – ein Aspekt, dem bereits MÜLLER Aufmerksamkeit schenkt (vgl. II.).

IV. Kritische Einwände

Die bisherige Auseinandersetzung mit HILLS' Standpunkt betonte die entscheidende Rolle eines reflexiven Bewusstseins als Voraussetzung für Handeln aus Gründen. Im Weiteren soll der Fokus auf einer kritischen Diskussion ihres Verständnisses liegen, indem verschiedene Einwände gegen diese Sichtweise beleuchtet werden. Besonderes Augenmerk liegt dabei auf der Betrachtung des nicht-reflexiven Bewusstseins als potenzieller Grundlage menschlichen Handelns. Diese Perspektive betont die Integration psychoanalytischer Ansätze, die einen tieferen Blick auf unbewusste Prozesse und Beweggründe werfen. Durch eigene Beispiele werden alternative Standpunkte präsentiert, die HILLS' Argumentation in Frage stellen und einen Raum für die Erkundung der Komplexität menschlicher Beweggründe bieten.

MÜLLER befasst sich mit der emotionalen Aspektwahrnehmung und hält fest:

„Was ich wahrnehme, ist unweigerlich damit verbunden, wie mir die Dinge in der Wahrnehmung erscheinen. In meiner Wahrnehmung der Kaffeetasse auf meinem Schreibtisch präsentieren sich mir bestimmte visuelle Qualitäten. (…) Ganz ähnlich scheint in der emotionalen Erfahrung der Bezug auf Objekte an eine spezifische Art des affektiven Gegebenseins. (…) Im Furchterlebnis präsentiert sich mir die gegenwärtige Situation in einer ganz bestimmten Hinsicht, nämlich als gefährlich".[15]

Die Wahrnehmung kann allerdings als individuell eingestuft werden und jede gegenwärtige Situation kann von jeder Person unterschiedlich wahrgenommen werden. Wenn jede Situation von jeder involvierten Person anders wahrgenommen wird, ergeben sich auch andere Reaktionen und Verhaltensweisen. Daraus lässt sich schlussfolgern, dass beispielsweise die emotionale Wahrnehmung einer Situation mit Beweggründen eng gekoppelt ist und die Unterschiede in der Wahrnehmung auch zu unterschiedlichen Beweggründen führen. MÜLLER verweist allerdings darauf, dass diese Form der Wahrnehmung Menschen nicht unbedingt bewusst sein muss,[16] was

---

[15]MÜLLER, J.M. (2011). Emotion, Wahrnehmung und evaluative Erkenntnis. In: Slaby, J.; Stephan, A.; Walter, H. & Walter, S. (Hrsg.): Affektive Intentionalität. (S. 110-127). Paderborn: Mentis. Hier: S. 3f.
[16] Vgl. Ebd. S. 4.

bedeutet, dass ihnen ihre eigenen Beweggründe nicht bewusst sind, sie aber dennoch handeln können. Somit kann an dieser Stelle argumentiert werden, dass Beweggründe nicht das Bewusstsein voraussetzen. MÜLLER verweist darauf, dass sich Menschen ihre Realität selbst konstruieren, und zwar bezogen auf ihre individuelle Wahrnehmung. Wie jemand etwas wahrnimmt, ist der entscheidende Faktor, aber die Wahrnehmung ist nicht bewusst. Was Handlungen daher animiert, kann auf unbewusster oder bewusster Ebene existieren.[17] Beweggründe können daher aus der Sicht von MÜLLER nicht vollständig bewusst sein, weil auch unbewusste Aspekte der (emotionalen) Wahrnehmung einwirken.

IV.1 Psychoanalyse

Auch die Psychoanalyse wirft einen Blick auf die komplexe Beziehung zwischen Beweggründen für Handlungen und dem Bewusstsein. Freud gliedert den psychischen Apparat in Bewusstsein, Unterbewusstsein und Unbewusstes. In dieser Struktur werden tief verankerte Beweggründe oft im Unbewussten kreiert, einem Bereich, der dem direkten Zugriff des Bewusstseins entzogen ist. Freud argumentiert, dass Triebe, Wünsche und Konflikte aus verschiedenen Entwicklungsphasen das Unbewusste prägen.[18] Die Relevanz dieser psychoanalytischen Perspektive wird deutlich, wenn wir die Frage nach Bewusstsein und Beweggründen vertiefen.

Ein anschauliches Beispiel für die Thematik bietet die Entscheidung von Person X, die sich für ein bestimmtes Studienfach entscheidet. Es stellt sich die Frage nach ihren Beweggründen für diese Entscheidung und ob ihr diese bewusst waren. Möglicherweise wurde diese Entscheidung von familiären Einflüssen oder dem weiteren sozialen Umfeld beeinflusst. Wenn Person X angibt, dass sie ihre Entscheidung aus eigenem Interesse heraus trifft, scheint dies zumindest auf der Oberfläche der bewusste Grund für ihre Handlung zu sein. Doch bei näherer Betrachtung ihrer Beweggründe könnte die psychoanalytische Perspektive eine tiefere Schicht offenbaren. Es ist beispielsweise möglich, dass die Entscheidung unbewusst von einem inneren Bedürfnis nach Zugehörigkeit gesteuert wird, möglicherweise, um anderen, sei es der Familie oder den Freund*innen, zu gefallen.

Person X selbst kann ihre eigenen Beweggründe nicht genau einschätzen. Obwohl sie vermutet, dass es ihrem Eigeninteresse entspricht, ist sie sich nicht vollständig sicher. Sie berichtet, dass sie wiederholt gehört hat, wie angesehen, sicher und attraktiv der Beruf ist. Dies könnte auf einer unbewussten Ebene ihren Entscheidungsprozess beeinflussen. Die eigentlichen Beweggründe für ihre Handlung könnten tiefgreifende emotionale oder psychologische

---

[17] Vgl. Ebd. S. 5ff.
[18] Vgl. Kenny, 2020, S. 4104ff.; Friedman, 2021, S. 544ff.

Dynamiken widerspiegeln, die ihrer bewussten Erkenntnis entgehen. Dieses einfache Beispiel illustriert, dass Beweggründe für Handlungen nicht zwangsläufig vom Bewusstsein durchdrungen sein müssen, sondern in den subtileren Schichten des Unbewussten verwurzelt sein können.

Die Psychoanalyse kontrastiert somit die Ansicht von HILLS, dass das reflexive Bewusstsein eine notwendige Voraussetzung für ein Handeln aus Gründen ist, indem darauf hingewiesen wird, dass Beweggründe oft tiefer im Unbewussten verwurzelt sind. Freud argumentiert, dass unser Handeln nicht nur von bewussten Überlegungen, sondern auch von tief verankerten Trieben und Konflikten beeinflusst wird, die sich dem direkten Bewusstsein entziehen.[19] Werden diese beiden Standpunkte verglichen, dann wird deutlich, dass die psychoanalytische Perspektive die Existenz von Beweggründen im Unbewussten betont, was nicht zwangsläufig ein reflexives Bewusstsein erfordert.

Die Diskrepanz zwischen HILLS' Fokus auf dem bewussten Zugang zu Beweggründen und der psychoanalytischen Betonung unbewusster Einflüsse zeigt auf, dass Beweggründe nicht ausschließlich im Bewusstsein wurzeln müssen. Es gibt demnach laut Psychoanalyse eine tiefere, nicht bewusste Ebene der menschlichen Psyche, die eine Vielzahl von Beweggründen für Handlungen beherbergt. Dieser Unterschied in der Betrachtungsweise macht sichtbar, dass das Bewusstsein nicht zwangsläufig die ausschlaggebende Voraussetzung für ein Handeln aus Gründen ist und, dass die Beweggründe auch in unbewussten Prozessen ihre Wurzeln haben können.

IV.2 Affektive Reaktionen (von Hildebrand)

MÜLLER arbeitet die Betrachtungsweise von Dietrich von HILDEBRAND auf, welcher vor allem eine Verbindung mit Werten erkennt. HILDEBRANDS umfassende Darstellung kategorisiert affektive Reaktionen, die er bevorzugt als affektive Positionierungen bezeichnet. Bei der Betonung der affektiven Reaktionen legt er besonderen Wert auf ihre intentionale Struktur. Für HILDEBRAND sind Emotionen wie Freude, Begeisterung, Sehnsucht, Liebe und andere Positionierungen zur Welt der Objekte, gekennzeichnet durch einen gerichteten qualitativen Inhalt.

Im Gegensatz zur Erfassung handelt es sich bei Emotionen seiner Ansicht nach nicht nur um Rezeptivität; sie beinhalten ihm zufolge ein aktives Engagement, bei dem das Subjekt einen spezifischen qualitativen Inhalt hervorbringt, der auf die Welt gerichtet ist. Diese Unterscheidung stimmt mit von HILDEBRANDS breiterem Bestreben überein, die einzigartigen Merkmale affektiver Reaktionen zu erkunden.[20]

---

[19] Vgl. Friedman, 2021, S. 544ff.
[20] Vgl. Müller, 2019, S. 1ff.

Ebenso wird auf die Relevanz der Bedeutsamkeit eingegangen, indem er von einem (Ab-)Wert und einem Unbefriedigendem spricht. Es ist daher wichtig, welche Bedeutung Emotionen für Menschen haben und wie dies mit ihrer Persönlichkeit zusammenhängt. Gemäß von HILDE-BRAND bedeutet die Reaktion auf (Ab-)Wert eine Selbsttranszendenz, bei der man über persönliche Anliegen hinausgeht, um sich mit etwas an sich Wichtigem zu befassen. Auch hier gilt, dass es um eine individuelle Betrachtungsweise geht und was als individuell wichtig und bedeutsam eingestuft werden kann, stark vom Individuum abhängt. Was einem wichtig ist, muss einem nicht unbedingt bewusst sein.[21]

Vergleicht man das Konzept von Bewusstsein bei HILLS und von HILDEBRANDS, werden unterschiedliche Perspektiven deutlich. HILLS argumentiert dafür, dass Bewusstsein eine Voraussetzung für ein Handeln aus Gründen ist, wobei sie sich auf die Annahme stützt, dass Reflexivität eine grundlegende Funktion des Bewusstseins darstellt. Diese Sichtweise impliziert, dass das Bewusstsein eine aktive Reflexion über Beweggründe erfordert, um Handlungen zu initiieren. Im Gegensatz dazu betont von HILDEBRAND die Existenz nicht-reflexiver, affektiver Positionierungen als eine Form von Beweggründen. Von HILDEBRAND hebt hervor, dass Emotionen und affektive Reaktionen eine intentionale Struktur haben und eine Art von Selbsttranszendenz darstellen, ohne unbedingt auf bewusste, reflektierte Prozesse angewiesen zu sein. Sein Fokus liegt auf der aktiven, spontanen Natur dieser affektiven Positionierungen, die nicht zwangsläufig eine bewusste Reflexion über Beweggründe erfordern.[22]

Beide haben daher wesentliche Unterschiede in Bezug auf die unabdingbare Voraussetzung für Beweggründe. HILLS erkennt Reflexivität und Bewusstsein als zwei eng miteinander verbundene Faktoren an, während von HILDEBRAND Raum für nicht-reflexive, affektive Beweggründe schafft, die ohne ausdrückliche Bewusstseinsreflexion auftreten können.

IV.3 Beweggründe als Vorschläge (Singh 2019)

Auch Keshav SINGH befasst sich mit der Rolle von Beweggründen und Bewusstsein als Voraussetzung. Im Rahmen seiner Theorie „Guise of Normative Reasons" betont er, dass Beweggründe eher Vorschläge sind, die individuell wahrgenommene Gründe für Handlungen darstellen. Der Kernpunkt besteht laut SINGH darin, dass diese mentalen Vorstellungen es dem Handelnden ermöglichen, seine Handlungen aus einer persönlichen Perspektive zu bewerten, wodurch Rationalität oder Irrationalität in Bezug auf die eigenen Beweggründe festgestellt werden kann. SINGH hebt die enge Verknüpfung von Beweggründen mit dem mentalen Zustand so

---

[21] Vgl. Ebd. S. 3ff.
[22] Vgl. Ebd. S. 4ff.

hervor, dass er herausstellt, dass sie Vorschläge sind, die den Inhalt spezifischer nicht-faktischer mentaler Zustände widerspiegeln. Dieser Ansatz integriert somit die individuellen inneren Faktoren des Denkens und Fühlens in die Analyse von Handlungen.[23] SINGH geht daher ebenso davon aus, dass alles auf individuelle Denk-und Gefühlswelten zurückzuführen ist.

Im Vergleich zu HILLS' Ansatz und der Perspektive der Psychoanalyse hebt SINGH hervor, dass Beweggründe, wie sie durch die „Guise of Normative Reasons"-Theorie konzeptualisiert werden, eine bewusste mentale Komponente erfordern. SINGH argumentiert, dass Beweggründe als Vorschläge, die individuell wahrgenommene Gründe für Handlungen darstellen, eine aktive Beteiligung des Bewusstseins benötigen. Im Gegensatz zur möglichen Unterstellung, dass unbewusste oder psychoanalytische Kräfte die primären Treiber von Handlungen sind, betont SINGH die Relevanz des bewussten Erlebens bei der Bildung und Bewertung von Beweggründen. Somit vertritt er die Auffassung, dass Bewusstsein eine wesentliche Voraussetzung für den Prozess der Handlungsentscheidung ist und steht daher im Einklang mit HILLS.

Je nach Fokus der Theorie wird Bewusstsein demnach als Voraussetzung anerkannt oder es wird postuliert, dass Beweggründe erst die Spitze ergeben und viele unbewusste Einflüsse mitwirken.

V. Fazit

In Bezug auf die Bedeutung von Beweggründen und Bewusstsein für Handlungen präsentieren HILLS' Untersuchungen sowie die psychoanalytische Perspektive unterschiedliche Ansichten. HILLS argumentiert dafür, dass Beweggründe durchaus bewusstseinsabhängig sind, insbesondere unter Berücksichtigung des reflexiven Bewusstseins, das eine Rolle bei der Bewertung von Gründen spielt. Die psychoanalytische Perspektive betont dagegen die Möglichkeit der Existenz unbewusster Kräfte, die das Verhalten beeinflussen können.

Im Vergleich dazu insistiert von HILDEBRAND darauf, dass Beweggründe eine bewusste mentale Bewertung erfordern. SINGH schließt sich dieser Sichtweise an und entwickelt die „Guise of Normative Reasons"-Theorie, die postuliert, dass Beweggründe als Propositionen betrachtet werden können, die das individuelle Bewusstsein aktiv repräsentieren. Somit besteht Einigkeit darüber, dass Beweggründe eine bewusste mentale Komponente beinhalten, wobei die unterschiedlichen Perspektiven zwischen HILLS und der psychoanalytischen Theorie aufzeigen, dass Bewusstsein in variierender Ausprägung eine Rolle spielt.

---

[23] Vgl. Singh, 2019, S. 412ff.

Nach HILLS' Betonung des reflexiven Bewusstseins könnte man argumentieren, dass die Fähigkeit zur Selbstreflexion eine wesentliche Voraussetzung darstellt. Das psychoanalytische Verständnis lässt jedoch Raum für unbewusste Prozesse, die auf eine weniger bewusste Ebene hinweisen. Von HILDEBRAND und SINGH legen nahe, dass eine bewusste mentale Repräsentation von Beweggründen eine Voraussetzung für Bewusstsein ist. In Situationen, in denen Handlungen von automatischen Reflexen oder unbewussten Trieben dominiert werden, könnte das Bewusstsein weniger präsent sein. Es scheint, dass Bewusstsein in denjenigen Kontexten, in denen eine bewusste Evaluierung von Beweggründen erforderlich ist, eine entscheidende Rolle spielt. In weniger komplexen oder instinktgesteuerten Szenarien könnte Bewusstsein jedoch weniger ausgeprägt sein. Es kann daher die Vielschichtigkeit des Bewusstseins in unterschiedlichen Handlungskontexten betont werden.

In Summe lässt sich die Frage, ob Beweggründe für Handlungen Bewusstsein voraussetzen, somit mit einem ja beantworten. Die anleitende These der Arbeit in Bezug auf HILLS Perspektive kann dennoch bestätigt werden, weil HILLS Auffassung dazu führen könnte, dass andere Formen des Bewusstseins übergangen werden. Die Vielfalt der menschlichen Erfahrung und Handlungsbegründungen deutet darauf hin, dass verschiedene Bewusstseinsformen existieren, die nicht ausschließlich reflexiv sind.

Literaturverzeichnis

FRIEDMAN, H.J. (2021). The Unconscious. In: *The American Journal of Psychoanalysis*, 81, S. 544-548.

HILLS, A. (2018). What does it take to act for moral reasons? Chapter 12. In: Jones, K./Schroeter, F. (Hrsg.): *The many moral rationalisms*, S. 247-263.

KENNY, D.T. (2020). Psychoanalysis. In: Zeigler-Hill, V./Shackelford, T.K. (Hrsg.): *Encyclopedia of Personality and Individual Differences*, S. 4104-4116.

LIJENSTRÖM, H. (2022). Consciousness, decision making, and volition. In: *Theory in Biosciences*, 141, S. 125-140.

MÜLLER, J.M. (2011). Emotion, Wahrnehmung und evaluative Erkenntnis. In: Slaby, J./Stephan, A./Walter, H./Walter, S. (Hrsg.): *Affektive Intentionalität*, S. 110-127.

MÜLLER, J.M. (2019). Dietrich von Hildebrand. In: Szanto, T./Landweer, H. (Hrsg.): *Routledge Handbook of Phenomenology of Emotion*, S. 1-12.

MÜLLER, J.M. (2020). Motivierende Gründe: Aktuelle Probleme und Kontroversen. In: *Information Philosophie*. #

SAVIONI, L./TRIBERTI, S./DUROSINI, I./PRAVETTONI, G. (2023). How to make big decisions. In: *Current Psychology*, 42, S. 15223-15236.

SINGH, K. (2019). Acting and Believing under the Guise of Normative Reasons. In: *Philosophy and Phenomenological Research*, S. 409-430.